Il Gusto

... der Geschmack Siziliens
Eine Reise über die Insel

Il Gusto

...der Geschmack Siziliens

Eine Reise über die Insel

Il Gusto
... der Geschmack Siziliens
Eine Reise über die Insel

Johanna Schiller

mit Fotos von Ira Goldbecker und Dirk Gerheim

Inhalt

1 Die Ätna-Region   8

mit ihren liebenswürdigen Dörfern,
der „satten" Küche, den netten Winzern,
und dem ganz besonderem Olivenöl

Carpaccio Siciliano 38
Pasta Ricotta 40
Huhn auf grünem Salat 42
Apfelküchlein sizilianisch 44

2 Catania und die Ostküste   46

Als Fremder unterwegs, die heilige Agatha,
Castello Ursino und die Handwerker,
kleine Strände, frische Fische,
das Castello San Marco,
ein Freund des Paten

Gefüllte Zucchini-Blüten 72
Gegrillte Auberginenscheiben 74
Tomatensalat mit Kapern 76
Orangen-Salat 78
Pasta mit Tomaten und Käse 80

3 Von Siracusa nach Agrigento   82

Siracusa und Brucoli, das Haus der I Rizzari´s,
Modica und der Süden,
Falconara und das Tal der Tempel

Aperitivo mit Limoncello 98
Fenchel auf Eis 100
Artischocken 102
Sorbet mit Limone 104

4 Von Schafhirten, Ziegen und Friedhöfen mit „Bella Vista" 106

Hirten-Meeting, die Männer mit den grünen Händen,
Novara und Castiglione di Sicilia, Bella Vista
und Häuser in den Bergen, Al Fogher-der Feuerplatz

Wilder Salat	124
Rosmarinlamm	126
Bruschetta mit wildem Fenchel	128
Spezzatino	130
Fenchel überbacken	132

5 Palermo, die Laute 134

Roger und Friedrich II, der Dornröschenschlaf,
Märkte, Trödel und Luxus, der Treff der Feinen,
Bambinone

Büffelmozzarella mit sizilianischen Tomaten und frischem Basilikum	152
Pommes mit Trüffel	154
Limonen-Risotto	156

Il Gusto

Eine Reise über die Insel. 300 Sonnentage, ein aktiver Vulkan, der viel Asche beschert und eine starke Vergangenheit, die überall präsent ist. Dies dürfte ein wesentlicher Grund für den Besuch auf der größten Insel des Mittelmeeres sein.

Als wir vor sieben Jahren die Fähre von Kalabrien nach Messina nahmen, vom Sonnenschein Kalabriens in Richtung dicker Regenwolken, die über der Bergkette festzuhängen schienen, hatten wir trotzdem das Gefühl im Bauch, angekommen zu sein.

Wir können immer noch nicht definieren ob es die Kontaktfreude der Menschen oder der Duft der blühenden Orangenhaine war. Durch den Regen hing der Duft wie ein Teppich über der Autostrada. Vielleicht waren es aber auch die Wassermassen, die für ein sattes Grün in der Region um den Ätna sorgen. In den sieben Jahren haben wir die Insel viel bereist, wir wissen wo die ältesten Olivenbäume wachsen, wo es den kräftigsten Rotwein gibt, die beste Pasta, oder einfach nur die schönste Bucht mit dem nettesten „Proprietario". Die Redseligkeit der Bauern hat es uns leicht gemacht, viel über Früchte und Anbauweise, das frühe Pflücken der guten Oliven und die besten Pressen zu erfahren.

Gerne haben uns die Frauen alles über ihre „besten" Rezepte erzählt. Dass die Hefe aus Bronte viel besser ist als die aus Linguaglossa und dass man das richtige Mehl zum Brotbacken nur in dem Dörfchen Maniace bekommt. Kein Weg ist den Sizilianern zu weit, wenn es um ein spezielles Gemüse oder das frische Wasser aus einem besonderen Brunnen geht. Wohingegen der Alkoholgenuss keine große Rolle spielt, obwohl fast jeder seinen kleinen Weinberg hat. Dies ist wohl auch

der Grund, warum erst in den letzten Jahren - und seit der Entdeckung durch Insider - dem Weinanbau mehr Aufmerksamkeit geschenkt wird. Endlich hat man erkannt, dass die Erde, die vielen Sonnenstunden und auch die alten Rebsorten ein hohes Kapital darstellen. Wir hoffen sehr, dass dieses den Sizilianern erhalten bleibt und der Ausbau in traditioneller Weise Bestand hat. Sicherlich werden die nachfolgende Blicke über die Insel immer unsere eigene Sichtweise darstellen. Es wird eine subjektive bleiben, denn unsere Liebe zur Insel hat nicht aufgehört, und so behalten wir uns vor, die „Sonnenseiten" zu zeigen, denn in den sieben Jahren hat es kaum Schatten gegeben. Mal einen kräftigen Sturm, Hagelschauer im August, der eine ganze Olivenernte zerstört hat, oder auch mal einen Ätna-Ausbruch, der uns nachts den Schlaf raubt und dessen Asche am nächsten Morgen das Land mit einer schwarzen Decke überzieht. Dies ist aber die Nähe zur Natur, die uns vergegenwärtigt wird und von einem Jahr mit seinen 365 Tagen 300 sonnige Tage übrig lässt.

Johanna und Peter

1
Die Ätna-Region

Der Berg hat die Menschen geprägt, den Städten ihren Charakter und ihre Architektur gegeben, und die Region um den Ätna ist nicht vergleichbar mit den übrigen Landschaften der Insel. Die Fruchtbarkeit der Böden, viele Niederschläge und die unterschiedlichen Klimazonen, vom warmen Mittelmeer bis zu den schneebedeckten Vulkankegeln auf über 3.000 Meter Höhe, sind dafür verantwortlich. So werden die Sizilianer in den Küstenregionen allen Besuchern erklären, wie kalt es am Berg ist, aber immer mit dem Unterton der Hochachtung vor „denen da oben".

Es ist die Lunge der Insel, und bis zur ersten Besiedelung durch die Menschen herrschten hier die Götter, und viele Namen erinnern noch an die alten Sagen. Geprägt ist die Region von den kleinen bäuerlichen Betrieben, gewachsen aus der Struktur der Anbauflächen. Kleine Terrassen sind es, mit unempfindlichen Ölbäumen, die die großen Temperaturunterschiede, zwischen Sommer und Winter, gut überleben können und aus dem Lavagestein reiche Ernten hervorbringen. Wichtig ist es, die richtigen Sorten von Bäumen anzupflanzen, die gute Oliven hervorbringen mit dem einzigartigen Geschmack der Ätnaregion.

Das Land der schwarzen Erde

Man möchte es nicht glauben, aber es gibt sie noch: „die unberührten Dorfstrukturen".

Rund um den Vulkan scheint die Zeit still zu stehen, ob in Linguaglossa, Sant'Alfio, Milo oder Zafferana. Überall gibts die „Quattro Canti", wo man sich morgens zum Espresso trifft, die Neuigkeiten des vergangenen Tages austauscht und sich nicht immer nur Gutes erzählt. Quattro Canti: Eine große Kreuzung, meist im Dorfzentrum. Wichtiges Bestandteil: Eine Kirche muss in der Nähe sein. Das ist einfach, denn Kirchen gibt es in den Dörfern viele. Auch wichtig: Die beste Bar. Hier nimmt man im Sommer seine Granitas mit Brioche als Frühstück zu sich, im Winter ist es der Espresso, ein Fingerhut voll, mit einem Raviola.

Dem herrlichsten Frühstücksgebäck, das man sich vorstellen kann. Die Städte und Dörfer am Vulkan wirken ein bisserl morbid, eine natürliche Wirkung der schwarzen Lavasteine, mit denen alle Palazzi und Häuser gebaut sind. Die Straßenpflaster, die nach Jahrhunderten wie schwarzer Marmor wirken, tragen ihr Übriges dazu bei. Schwere, Barock-geprägte Balkone zieren als auffälliger Schmuck die Häuser. Getragen werden sie von herrlichen Konsolen, die mit unterschiedlichsten Köpfen und Verzierungen überraschen. Mit ganz viel Liebe zur Individualität haben die Feudalherren des 18. Jahrhunderts hier ihre Sommerresidenzen geschaffen. Denn im August hieß es schon immer: „raus aus den Städten", die mit über 40 Grad zum Brutofen werden. Die Ehefrauen hat man mit den Kindern ans Meer gebracht, wo diese ihre Sommerwochen verbrachten, und die Männer sind auf ihre Landsitze gereist, um sich dort von der anstrengenden Familie zu erholen. Mit dem Vorwand, die Ländereien zu bearbeiten, traf man sich mit der Zweit- oder Dritt-Frau, die in dieser Zeit Anspruch auf volle Zuwendung hatte. (So wird es auch heute noch gerne in den Dörfern erzählt.) Dementsprechend sind die Landhäuser in der Region gestaltet. Ebenerdig die Wirtschaftsräume und Lager, auf der „belle Étage" die feinen Salons, die in der Regel auch einen separaten Zugang hatten. Nicht fehlen durfte auch in den kälteren Zonen die Palme, die als Statussymbol der feinen Gesellschaft galt.

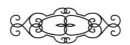

12 ... *Il Gusto* ... der Geschmack Siziliens

Die Ätna-Region

13 ... *Il Gusto* ... der Geschmack Siziliens

Die Ätna-Region

Küche, Wein und Brot

Eine schwere Küche ist typisch für diese Bergregion, sie kann nicht der Mittelmeerküche zugeordnet werden, mit den herrlichen Fleischgerichten, viel Pasta, besten Gemüsesorten, die auf den eigenen Äckern angebaut oder auf den wilden Feldern gesammelt werden. Eine ganz wichtige Rolle spielt das Brot. Es gibt unzählige geheime Rezepte, mit den besten Hefen, die von Generation zu Generation weitergereicht werden.

Bis vor wenigen Jahren hat man sich der besonderen Früchte bedient, um in Frankreich und Norditalien mit den Trauben des Ätnas und der anderen Regionen Spitzenweine zu veredeln. Die „jungen Wilden", Erben der kleinen Weingüter, haben sich in jüngster Vergangenheit entschlossen, nun ihre eigenen Kreationen zu schaffen. Man erkennt den neuen Weg, mit viel Hochachtung vor den großen Häusern, aber mit dem Stolz und der Energie, die den Sizilianern eigen ist werden jetzt edle Weine präsentiert.

Es entstehen ganz besonders kräftige Rotweine aus der Nero d´Avola Traube, auch die ursprünglich aus Spanien stammende Alicante Traube liebt den Lava Boden, der die „Füße" warm hält in den kalten Nächten am Berg. Es sind kleine Anbauflächen, die nicht mit Maschinen bearbeitet werden können, eingebettet in die Berglandschaft, was ihren eigenen Reiz ausmacht. Eine Chance für Massenware wird es wohl kaum geben, und so werden die wenigen Flaschen, die Nordeuropa erreichen, immer etwas Besonderes bleiben.

Mit großer Energie hat die Familie Gambino das höchstgelegene Weingut der Insel zu einem Juwel entwickelt. Der Padrone hält fest an seinen Visionen, die Weine mit dem ganz besonderen Bukett in kleinen Mengen auszubauen. So findet man ihn jeden Tag in seinen Weinbergen, und gerne trinkt er ein Glas mit seinen Gästen ivvn der Cantina. Wichtig ist dem Proprietario nur Rebsorten anzupflanzen, die typisch für die Region sind und deren Trauben in Verbindung mit Sonne und Lavagestein ganz besondere Weine hervorbringen.

Die Ätna-Region

15 ... *Il Gusto*... der Geschmack Siziliens

Eine der vielen Bäckereien, die ihre Rezepte vom Großvater auf Enkel übertragen - manchmal wird sogar der Sohn übergangen, zu viel könnte an die Konkurrenz weitergegeben werden. Fatal, wenn das Geheimnis um die besondere Pasta di Mandorla im Nachbardorf ausgeplaudert würde. Und da der Patrone ja ohnehin erst mit über 80 Jahren die Backstube verlässt, kann der Enkel mit gut 30 Jahren auch gleich die Rezeptur direkt übernehmen.

Die Ätna-Region

Die alten Palazzi

Die Inhaber träumen wohl immer noch von den alten Zeiten, der Feudalherrschaft, in denen es ein Leichtes war, die eindrucksvollen Villen in Pracht glänzen zu lassen. Ganz wenigen gelingt es noch heute, die großen Häuser lebendig zu erhalten. Man hat sich darauf eingestellt, Festlichkeiten mit Einweggeschirr und reduziert zu gestalten. Die Empfänge finden in feinen Salons mit Seide bespannten Wänden und farbigen Deckenfresken statt, die Herren in neuen handgenähten Schuhen, die Damen in Stolen und frisch frisiert, man macht auf „bella Figura". Es scheint nicht so wichtig zu sein, dass die herrlich fruchtigen Weine in Plastikbechern serviert werden und die Pasta auf dem Einwegteller in Selbstbedienung angeboten wird.

Wunderbare Ausnahmen ...

Zum Beispiel ein Ehepaar, das sich den Traditionen der Vergangenheit bis hin zur Epoche Friedrichs II verschrieben hat. Die Kinder besuchen Elite-Universitäten, machen internationale Karriere, und doch lebt man den edlen Stil der letzten Jahrhunderte. Der Tisch wird eingedeckt nach Überlieferungen des Stauferkönigs, die Menüfolge wird genauestens abgestimmt und die Getränke stammen aus den besten Anbaugebieten.
Der Patrone – Architekt -, und die Dame des Hauses – Philosophin -, bewahren ihr Erbe, pflegen die Tagebücher aus dem 18. Jahrhundert, die der Urgroßvater – Notar - über die Vegetationsphasen seiner Ländereien führte. Ein Kleinod, dieser Palazzo inmitten des Ätna-Dorfes Linguaglossa.

Die Ätna-Region

20 ... *Il Gusto* ... der Geschmack Siziliens

Die Ätna-Region

Bronte – Die Stadt des Lord Nelson

Eine besonders vom Ätna geprägte Stadt, die durch die Nelson übertragene Herzogswürde von Bronte erste Berühmtheit erlangte. Außergewöhnlich ist die Vegetation um die Stadt, ein struppiger Gürtel von Pistazienbüschen. Die Häuser kleben an der Nordflanke des Berges und alle tragen Dächer, die mit blauen Wassertanks bestückt sind. Im Winter und im Frühjahr ziehen Nebelschwaden über die im Tal gelegenen Viehweiden und kaum etwas erinnert daran, dass die Insel kurz vor der afrikanischen Küste liegt. In dieser Zeit sind auch die Viehhirten mit ihren Pferden unterwegs um die großen Schafherden zusammen zuhalten.

Umberto I war der Großvater des letzten italienischen Königs. Sein Credo „Feinste Bildung, wahrhaft vornehme und edle Haltung" hat ihm viel Ehre eingebracht, und so findet man in fast jeder Stadt den 'Corso Umberto I', der sich in den meisten Fällen als Prachtstraße präsentiert.

Randazzo

Die Stadt der vielen Kirchen und Klöster

Wer Wert auf ursprünglichen Käse vom Schaf und besten Speck legt, kommt an Randazzo nicht vorbei. Hier wird das Nebrodi-Schwein, ein ausgewildertes schwarzes Hausschwein, auf feinste Art geräuchert und die Spezialitäten, purer Speck, durchwachsener Schinken und feinste Würste, in kleinen Metzgereien handwerklich hergestellt. Ob das Wissen über die Verarbeitung von den Mönchen überliefert ist, bleibt unklar, aber der Verdacht liegt doch nahe, denn wo immer wir solche Spezialitäten gefunden haben, fanden wir auch gleich nebenan die schönsten Kirchen und Klosterbauten.

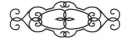

Die Ätna-Region

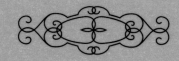

Der Fremde, der hier ankommt, sieht die Schönheit und Ursprünglichkeit der Natur — die sich für ihn hübsch gemacht hat

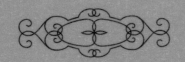

Der Fremde, der hier ankommt, sieht die
Schönheit und Ursprünglichkeit der Natur
— die sich für ihn hübsch gemacht hat

Feinstes Design in der Gasse

Hinter dem Quattro Canti, der großen Kreuzung im Ort, wird man nie vermuten, was sich in der verwinkelten Gasse in Linguaglossa abseits der Hauptstraße und ohne Blick auf den Ätna verbirgt: das Hotel Shalai. Design und Farbkompositionen wie man sie in Mailand oder Florenz erwartet. Daneben ganz mutige Experimente, Metallmöbel aus dem Garten, aufgehübscht für den Speiseraum. Spannend wird es im Konferenzbereich: die herrlichen Fresken wurden ganz sorgfältig wiederhergestellt, die bunten Farben, die typisch für Sizilien sind, im Original übernommen, dazu spärliche Möblierung und ein Beleuchtungskonzept, das die glückliche Hand des Architekten unterstreicht.

Die Ätna-Region

29 ... *Il Gusto* ... der Geschmack Siziliens

Die Ätna-Region

Kaum vorstellbar für einen Nord-Europäer

5 Sterne + auf Nebenwegen! Eine romantische Fahrt wird es allemal, will man in das exklusive Resort Villa Neri am Fuß des Ätnas. Hinter einem Traumgarten, streng geplant und weg vom Ursprung, verbirgt sich Design-Konzept und Exklusivität mit moderner Coolness. An keinem Detail wurde gespart - mit dem Anspruch, die Gäste des Nordens wegzubringen von dem Gedanken, dass Sizilien nur aus Tradition und dem Blick auf die Vergangenheit besteht.

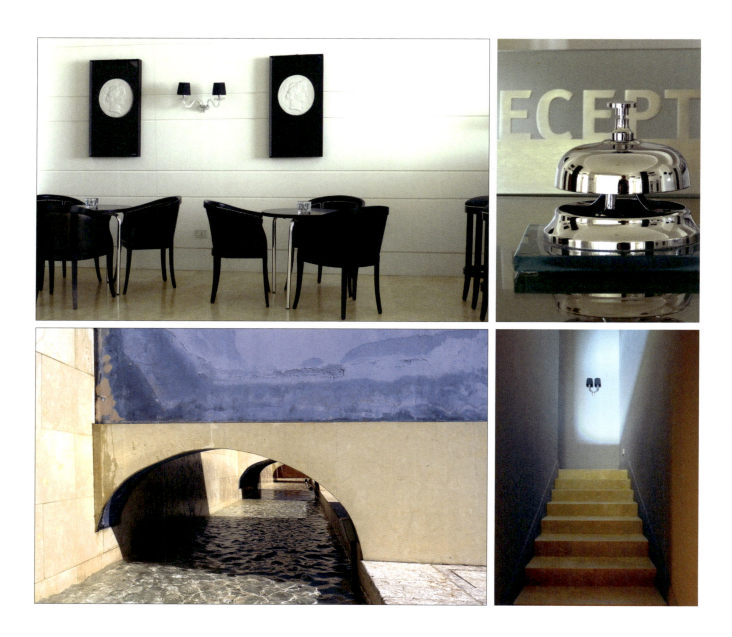

Die Ätna-Region

31 ... *Il Gusto* ... der Geschmack Siziliens

Die Ätna-Region

Die Palmenti

Es ist Mode geworden, die alten „Wein-Mühlen" auf modern zu trimmen. So findet man darin „bed and breakfast" oder Agrotourismus, auch 5-Sterne-Hotels finden es schick, alte Gemäuer wieder herzurichten und stolz darüber zu berichten, wie vor hundert Jahren der Wein dort gepresst und gelagert wurde. Angenehm ist die Atmosphäre allemal, zweckdienlich halten dicke Mauern die Temperatur im Sommer niedrig und schützen im Winter vor zu viel Kälte. Jetzt werden die Gewölbe umfunktioniert in Dekoflächen für alte Weinfässer, von modernen Architekten stylisch designed, und sind dann reif für internationale Awards.

Ein Palmento – 300 Jahre jung

Steinchen auf Steinchen wurde unser Haus wieder zusammengefügt und mit modernen Elementen und ein bisserl Kunst wohnlich gemacht. Die Materialien und Farben wurden übernommen, genauso wie Fensterkonstruktionen - was nicht immer den Anforderungen der Gegenwart entspricht - es ist wenig lichtdurchflutet, die Sonne wird ausgesperrt. Umso mehr Wert wird auf das Leben im Freien gelegt - untypisch für den Sizilianer und herrlich für den Nord-Europäer, denn 6 Monate im Jahr spielt sich das Leben auf den Terrassen nach Osten und Norden ab.

Die Liebe zu den Keramiken von Jacqueline Fleischer findet sich überall im Palmento, hier sind es die Fischflöten aus Ton gebrannt.

Die Ätna-Region

36 ... *Il Gusto* ... der Geschmack Siziliens

Die Ätna-Region

37 ... *Il Gusto* ... der Geschmack Siziliens

Die Ätna-Region

Rezepte
Carpaccio Siciliano

Die Rinderlende sollte gut eingefroren sein.

Man nimmt sie ca. 2 Stunden vor der Zubereitung aus dem Tiefkühlfach und schneidet sie mit einem Brotmesser in hauchdünne Scheiben.

Um die Finger nicht zu unterkühlen hält man die Lende mit einer Serviette.

Die Scheiben sorgfältig auf großen Esstellern verteilen.

Kurz vor dem Anrichten werden mit einem Kartoffelschäler dünne Scheiben vom Parmesan über die Fleischscheiben verteilt, ebenso die Zitronenscheiben.

Über den Teller Salz und Pfeffer streuen und mit reichlich Olivenöl übergießen.

Buon appetito!

Zutaten für 4 Personen

350 g Rinderlende

100 g Parmesan

1 Bio-Zitrone, in feine Scheiben geschnitten

grob gemahlener Pfeffer

grobes Meersalz

Olivenöl

Pasta Ricotta

Idealerweise nimmt man eine Pastasorte mit Volumen, Radiatori und Creste di Gallo sind für das Gericht besonders geeignet.

Die Pasta kocht man al dente.

Zwischenzeitlich den Ricotta in etwas Olivenöl erwärmen, die Salbeiblätter in einer Pfanne anrösten und darauf achten, dass die Blätter nicht zu hart werden, da sie sonst den Geschmack verlieren.

Wenn die Pasta fertig ist, in einer vorgewärmten Schüssel mit dem Ricotta vermischen.

Bei Bedarf noch etwas Olivenöl zufügen und die Salbeiblätter darüber verteilen.

Buon appetito!

Zutaten für 4 Personen

500 g Pasta

300 g frischer Ricotta

1 Tasse Olivenöl

1 Handvoll frische Salbeiblätter

Salz und Pfeffer

Huhn auf grünem Salat

Der gute Geschmack hängt auch hier wieder von den Zutaten ab. Man meide ein tiefgefrorenes Hähnchen, sondern nehme möglichst ein frisch geschlachtetes Mais-Huhn.

Dazu Salat der Saison, ideal ist eine Mischung aus Kopfsalat, Rucola und jungen Spinatblättern.

Wichtig ist ein fingergroßes Stück Ingwer.

Das Huhn in nicht zu kleine Stücke teilen, ideal sind schenkelgroße Stücke.
Diese in reichlich Olivenöl in einer Pfanne goldgelb anbraten, anschließend im heißen Ofen ca. 40 Minuten durchgaren.

Zwischenzeitlich Salat gut waschen, trockenschleudern und die verschiedenen Sorten mischen.
Auf einer großen Platte anrichten.

10 Minuten vor Ende der Bratzeit die Ingwerscheiben zu den Hühnerteilen geben.

Zum Schluss den Sud abgießen, den Saft der Zitrone dazu geben, mit Salz + Pfeffer abschmecken und über den angerichteten Salat gießen, die Hühnerteile und Ingwerscheiben auf dem Salat anrichten.

Buon appetito!

Zutaten pro Person

250 g Hühnerfleisch

ein fingergroßes Stück Ingwer, in Scheiben geschnitten

Saft einer Zitrone

Apfelküchlein sizilianisch

Zutaten für 4 Personen

- 4-5 Äpfel (je nach Größe)
- 4 Esslöffel Rum
- 200 g Mehl
- 2 Eier, getrennt
- 1/4 Liter Milch
- Salz
- Puderzucker
- Olivenöl zum Ausbacken

Wichtig für das Gelingen ist die Apfelsorte, „Annurca". Das ist die Sorte die man in Sizilien zum Backen verwendet.
Cox Orange oder reifer Boskoop sind am besten für die deutsche Variante der Apfelküchlein.

Äpfel schälen, in dicke Scheiben schneiden und ca. 1 Stunde im Rum einweichen.

Das Mehl mit einer Prise Salz und etwas Milch anrühren, Eigelb dazugeben, dann die restliche Milch unterrühren.

Das Eiweiß zu steifem Schnee schlagen und vorsichtig unter den Teig heben.

Zwischenzeitlich reichlich Olivenöl in der Pfanne erhitzen, das Öl darf nicht zu heiß sein.

Die Apfelscheiben gut im Teig wenden und im heißen Öl ausbacken.

Noch warm mit Puderzucker überstäuben und sofort anrichten.

Buon appetito!

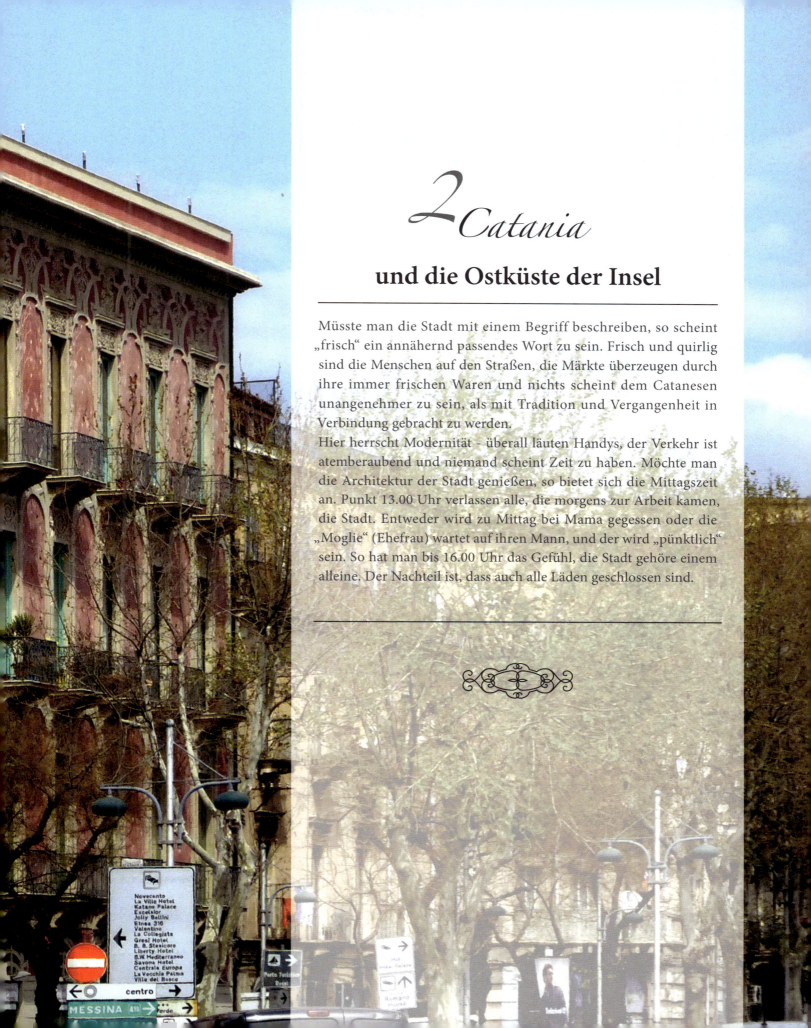

2 Catania
und die Ostküste der Insel

Müsste man die Stadt mit einem Begriff beschreiben, so scheint „frisch" ein annähernd passendes Wort zu sein. Frisch und quirlig sind die Menschen auf den Straßen, die Märkte überzeugen durch ihre immer frischen Waren und nichts scheint dem Catanesen unangenehmer zu sein, als mit Tradition und Vergangenheit in Verbindung gebracht zu werden.

Hier herrscht Modernität - überall läuten Handys, der Verkehr ist atemberaubend und niemand scheint Zeit zu haben. Möchte man die Architektur der Stadt genießen, so bietet sich die Mittagszeit an. Punkt 13.00 Uhr verlassen alle, die morgens zur Arbeit kamen, die Stadt. Entweder wird zu Mittag bei Mama gegessen oder die „Moglie" (Ehefrau) wartet auf ihren Mann, und der wird „pünktlich" sein. So hat man bis 16.00 Uhr das Gefühl, die Stadt gehöre einem alleine. Der Nachteil ist, dass auch alle Läden geschlossen sind.

Lange Tage in der Stadt

Es empfiehlt sich ein Zeitplan: Früh am Morgen sollte man zum Fischmarkt am Hafen gehen, ursprünglicher kann man Markt nicht erleben. Wem danach ist, der kann auch schon mal frische Alicis bei den Fischern probieren.

Danach geht's weiter zum Domplatz, Hotspot des Tourismus, doch ist es das Café am Dom unbedingt wert, dort eine frische Granita zu genießen, dabei die herrlich symmetrische Architektur zu bewundern und sich vorzustellen, wie der Platz wohl vor hundert Jahren, ohne Verkehr, ausgesehen haben könnte. Anschließend ein kleiner Bummel über die Via Etnea, mit ihren vielen Ladengeschäften und hektischem Treiben.

Wenn dann alle die Stadt zum „Pranzo" verlassen haben, hat man das Gefühl, die herrlichen Kirchen und phantastischen Palais gehörten einem alleine.

Vor der Verschnaufpause für das Abendprogramm hat man immer noch die Möglichkeit, eines der besonderen Restaurants am Markt zu besuchen - dort treffen sich Notar und Anwalt, Banker und Industrieller, um die wichtigen Geschäfte bei einem typisch sizilianischem Menü zum Abschluss zu bringen. Natürlich wird nicht einzeln bestellt, man pflegt das gemeinsame Mahl, und die besten Leckerbissen werden freundschaftlich geteilt. Als Antipasto nimmt man die Empfehlung des Hauses, und eine ganze Serie von Schälchen und Tellern mit den feinsten Spezialitäten werden an den Tisch gebracht. Anschließend teilt man sich die Spaghetti und zum Abschluss wird gemeinsam der Fisch des Tages begutachtet, diskutiert und dann genossen.

Und immer reicht eine Portin für 2 bis 3 Personen. Es empfiehlt sich nun eine Verschnaufpause, um am Abend, wenn die Stadt dann richtig wach wird, wieder munter zu sein. Kaum eine europäische Großstadt kann um Mitternacht mit so viel Treiben aufwarten wie Catania. Man besucht sehr spät am Abend die Restaurants oder geht ins herrlich renovierte Opernhaus Bellini - ohne jedoch nach der Vorstellung gleich nach Hause zu gehen. Ist man schon in der Stadt, pflegt man die Unterhaltung in den unzähligen Bars und guten Clubs.

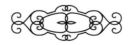

50 ... *Il Gusto* ... der Geschmack Siziliens

Catania und die Ostküste

51 ... *Il Gusto*... der Geschmack Siziliens

Catania und die Ostküste

Die Handwerker

Unzählige kleine Geschäfte, die es zu erkunden gilt, pflegen ihr Handwerk. Vom Schuster am Ursino, der noch Schuhe nach Maß anfertigt, oder dem Metzger hinter der Oper Bellini, mit seinem besonderen Rezept für die besten Würste der Stadt, findet man auch noch den Stuhlbauer, die Rahmenwerkstatt oder den Hochzeitsschneider. Man kann Seile in allen Variationen entdecken und einen alten Schiffsausrüster, der die Träume anregt.

Catania und die Ostküste

Die heilige Agatha

Es gibt kaum eine Straße in der Stadt, in der man nicht der Schutzpatronin Sankt Agatha begegnet. Ihr ist auch eine besonders schöne Kirche gewidmet, die Badia di Sant´ Agatha.
Sie überzeugt durch einen besonderen Charme und die hellen Gemäuer heben sich angenehm von den ansonsten tiefgrauen Steinen der übrigen Gebäude ab. Traurig ist die Geschichte der Heiligen, wurde sie doch schwerst misshandelt und kam auf glühenden Kohlen zu Tode, weil sie sich dem Klosterleben verschrieben hatte und alle Heiratsanträge des römischen Statthalters ausschlug. Damit niemand die Geschichte vergisst, veranstalten die Catanesen nicht nur Prozessionen zu Ehren Agathas, man hat auch ein beliebtes Gebäck mit frischem Ricotta nach ihr benannt, die „Minna di St. Agatha"-, um an sie zu erinnern.

Vom Vulkan gestaltet

Betrachtet man die Stadt mit ihren klaren Strukturen, die an ein Waffeleisen erinnern, so ist es kaum vorstellbar, dass das Meer ursprünglich weit in die Innenstadt bis vor die mächtige Burganlage Friedrichs II heranreichte. Durch den gewaltigen Ätna-Ausbruch im 17. Jahrhundert und das wenige Jahre darauf folgende Erdbeben wurde die Stadt von den Lavaströmen eingeschlossen, das Castello Ursino mit seinen mächtigen Türmen war jetzt nicht mehr letzte Bastion zum Meer, sondern wurde vom Wasser abgetrennt.

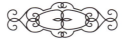

Kleine Strände, frische Fische

Von Catania bis Fiumefreddo finden sich die kleinen Lidos mit ihren netten Gastwirten, die sich in den Sommermonaten auf viel Trubel einstellen und neben dem Verleih von Liegestühlen und Schirmen auch für frisch zubereitete Fische und die obligatorische Pasta sorgen.

Die Zeit scheint stehengeblieben zu sein - denkt man an die Filme der späten 1950er Jahre - nur die Petticoats und Hochfrisuren der Mädels wurden abgelöst von Minis und Handys am Ohr. Die gebräunten Strandjungs, Roller und laute Musik sind geblieben. Sizilianische Familien, die etwas „auf sich halten", mieten dann auch schon vorweg in ihrem Lieblingslido die Liegen für den Sommer, diese werden von Oma bis Enkelkind genutzt, schließlich kosten sie eine Unsumme an Miete, und alles was der Sizilianer so braucht, wird in Taschen und Kisten mitgebracht. Die im August angereisten Römer erkennt man unschwer daran, dass sie keinen kleinen Grill mit an den Strand bringen und ihre Getränke an der Theke kaufen.

59 ... *Il Gusto* ... der Geschmack Siziliens

Catania und die Ostküste

*Einen Blick hinter die Kulissen
der „feinen Gesellschaft" Siziliens gibt es
in den alten Palazzi*

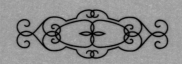

Einen Blick hinter die Kulissen
der »feinen Gesellschaft« Siziliens gibt es
in den alten Palazzi

Das Castello San Marco

Ohne direkte Wegbeschreibung stößt man nur zufällig auf dieses Kleinod. Betritt man den Innenhof durch das große eiserne Tor, das auch während der Saison oft geschlossen ist, scheint man in eine Märchenwelt einzutauchen. Bäume und Pflanzen aus aller Welt, viele in Stein gehauene Fabelwesen, und die Treppe zu den Privaträumen des Schlossbesitzers flößen augenblicklich Respekt ein und man wagt nicht laut zu sprechen. Philippo und Gracia - die Besitzer erkennt man sofort - die Liebe zu ihrem Garten und den Stolz, dieses alte Castello in 3o langen Jahren wieder zum ursprünglichen Glanz zurückgeführt zu haben, verhehlen sie nicht. Komplimente nehmen sie gerne entgegen und es zählt nicht, ob man eine hohe Rechnung im Hotel produziert, sondern viel wichtiger ist es ihnen, dass die Gäste die Atmosphäre genießen und sich mit Philippo über seine neuesten Baumaßnahmen austauschen.

Catania und die Ostküste

65 ... *Il Gusto* ... der Geschmack Siziliens

Catania und die Ostküste

Der Baron, ein Freund des Paten

… und alles im Original! Der Palazzo „Castello degli Schiavi" (Burg der Sklaven) half dem verschlafenen Örtchen Fiumefreddo über Nacht zu Berühmtheit. Nach der Erzählung des Barons war F.F. Coppola mit dem original Drehort in Corleone nicht glücklich und suchte nach einer authentischen Alternative, die er dann in dem herrlichen Ort Savoca und im Castello der Sklaven fand. Alle entscheidenden und prägenden Szenen, Attentate, Hochzeitsnacht und Tod des Paten wurden in dem reizenden Schlösschen gedreht. Gerne würde man hier Pate spielen und dem Schlossgeist die Geschichten der letzten Jahrhunderte entlocken. Von der Grundsteinlegung durch eine reiche jüdische Familie oder die Geschichte über die Meissner Porzellansammlung und warum Al Pacino das private Schlafzimmer des Barons benutzen durfte. Das „Casa di Campagne", also das Landhaus des Barons wird großzügig gezeigt, seine Residenz, sein Stadtpalast, hingegen bleibt ein gut gehütetes Geheimnis, denn man schätzt die Ruhe und Geborgenheit hinter den hohen Mauern.

Liebe zum Detail im Castello – oben im Turm mahnen kleine Figuren zum Schweigen.

68 ... *Il Gusto* ... der Geschmack Siziliens

Catania und die Ostküste

69 ... *Il Gusto* ... der Geschmack Siziliens

Catania und die Ostküste

70 ... *Il Gusto* ... der Geschmack Siziliens

Catania und die Ostküste

Wenn Figlio fischt, Mama kocht und Padre die Gäste empfängt

kann es nur gut werden. Auch wenn das Restaurantschild durch die Stürme in der Straße von Messina arg gelitten hat, in den letzten Jahrzehnten sich Touristen nur selten hierher verirrten und der Balkon gerade mal Platz für drei Tischchen mit jeweils 2 Stühlen hat: ihm gebührt eigentlich ein Stern! Bedingung für alle Gäste ist, viel Zeit mitzubringen, denn der Fisch muss erst an die Angel gehen, die Mama macht die Pasta immer ganz frisch und bis zum Dolce dauert´s eben. Der weiteste Weg lohnt sich und die Stunden wird man nie vergessen, denn der Blick über das kitschig blaue Meer auf die Berge Kalabriens lässt die Zeit stillstehen.

Catania und die Ostküste

Rezepte

Gefüllte Zucchini-Blüten

Nicht ganz einfach! Zum einen, weil Zucchiniblüten nur früh auf den Märkten zu kaufen sind, wenn die Blüte noch ganz frisch ist, zum anderen viel Fingerspitzengefühl nötig ist, um den richtigen Zeitpunkt zu erwischen, wenn der Mozzarella zu schmelzen beginnt und die Blüte aber noch hübsch anzusehen ist.

Die Füllung
Man hackt den Büffelmozzarella und die Tomaten in kleine Würfel, gibt etwas in Streifen geschnittenes Basilikum dazu und würzt die Mischung mit Salz und frischem Pfeffer.
Die Füllung vorsichtig in die Zucchiniblüten füllen und in eine mit Olivenöl ausgestrichene Form legen, im vorgeheizten Ofen ca. 15 Minuten bei 170 Grad erwärmen.
Zum Anrichten noch einige frische Basilikumblätter verwenden.

Buon appetito!

Zutaten pro Person

1 möglichst große Zucchiniblüte

1 kleine Kugel Büffelmozzarella, (Der Käse muss wegen Geschmack und Konsistenz aus Büffelmilch sein)

1 reife Tomate

sowie einige Blätter Basilikum,

Salz, Pfeffer

und Olivenöl

Gegrillte Auberginenscheiben

Als Beilage zum Hauptgericht

Die Aubergine in feine Scheiben schneiden und
ca. 30 Minuten in kaltem Salzwasser (grobes Meersalz) einweichen,
anschließend ausdrücken, trocken tupfen und auf dem Grill goldbraun grillen.

Zum Anrichten noch einige Tropfen Olivenöl und frisch gemahlenen Pfeffer darüber geben.

Buon appetito!

Zutaten pro Person

je nach Größe

der Früchte,

1/2 bis 1 Aubergine

Tomatensalat mit Kapern

Tomaten mit dem in Meersalz eingelegten Kapern und würzigen Oliven. Ein herrlicher Salat!
Dazu ein frisches Weißbrot, noch besser warmes Ciabatta, und ein Glas gekühlten Grillo-Wein.

Die Tomaten waschen und achteln.

Wichtig ist, dass es ausgereifte Freiland-Tomaten sind. Zwiebel in Ringe schneiden und über die Tomatenstücke verteilen.

Die Oliven halbieren, Kerne entfernen und mit den Kapern über die Tomaten streuen.

Am Schluss die zerkleinerten Petersilienblättchen darüber geben.

Mit einem Dressing aus Rotwein-Essig, Salz, Pfeffer und Olivenöl reichlich übergießen.

Buon appetito!

Zutaten für 4 Personen

- 800 g Tomaten
- 1 milde Zwiebel
- 10 grüne eingelegte Oliven
- 2 Esslöffel in Meersalz eingelegte Kapern
- frische Petersilienblätter
- Olivenöl
- Rotwein-Essig
- Salz und Pfeffer

Der Orangen-Salat

Schon in den Kochbüchern Friedrichs II findet sich frisches Obst als Vorspeise, um die schweren Gerichte, die im frühen Mittelalter üblich waren, besser zu verdauen. Gut geeignet ist dieser Salat auch als Zwischengericht, es macht „Platz" im Magen und ist immer eine angenehme Überraschung für Ihre Gäste

Die Orangen in grobe Stücke schneiden, Lauchzwiebeln in feinen Ringen über die Orangenstücke verteilen, gut pfeffern und eine kleine Prise Salz dazu, dann reichlich Olivenöl darüber gießen.

Buon appetito!

Zutaten pro Person

1 Orange

vorzugsweise die ganz süße Navelorange

1 Blutorange

dazwischen sieht besonders appetitlich aus

Frische Lauchzwiebeln

Frisch gemahlener Pfeffer

Salz

Olivenöl

Pasta mit Tomaten und Käse

Ein ganz einfaches, schnelles Gericht, das durch seine Farben besticht. Die roten Tomaten mit dem Grün des Basilikums machen schon beim Betrachten Appetit.

Wir persönlich verzichten hier auf die Beigabe von Knoblauch, da das Aroma des feinen Parmigiano für unseren Geschmack gestört wird.
Besonders angenehm ist es, dass man dieses Gericht sehr gut vorbereiten kann und es dem Geschmack nicht abkömmlich ist, wenn es im Ofen warm gehalten wird, ganz im Gegenteil, der Käse verteilt sich dann besonders angenehm.

Die Pasta in reichlich Salzwasser „al dente" kochen, zwischenzeitlich die Tomaten vierteln und im Olivenöl sanft andünsten.

Nach Belieben frischen Knoblauch zugeben.
Die weichen Tomaten und die Rigatoni mischen und den Käse darunterheben.

Dann je nach Gusto alles im heißen Ofen kurz überbacken.

Buon appetito!

Zutaten für 4 Personen

500 g Rigatoni

300 g Tomaten

200 g geriebener Parmesan oder Pecorino

1 Bund Basilikum

Salz und Pfeffer

Olivenöl

3
Von Siracusa nach Agrigento

Dort, wo die Griechen das Zentrum des Mittelmeeres schufen, die Römer ihre Arenen errichteten, findet man jetzt Clubanlagen, wilde Sommerhäuser aus den Siebzigern und leider auch große Industrieanlagen, die schlagartig zum Aufwachen führen und uns in die Neuzeit zurück katapultieren. Kaum zu glauben, dass Naturschutzgebiete mit Scharen von Flamingos „um die Ecke" der Ölraffinerie liegen. In einer Bucht verträumte Restaurants zu finden sind und in der nächsten große Tanker anlegen. Auch das ist Sizilien!

Siracusa

Ganz schnell vergisst man die Gegenwart jedoch in Ortigia, der Halbinsel von Syrakus. Die Fassaden scheinen gepudert in den herrlichsten Pastelltönen, Rosa, das mit den Blüten der Bougainvilleas zu konkurrieren scheint, zartes Grün, das an unreife Äpfel erinnert oder auch Vanillegelb. Mutig waren die Hausherren dann auch in der Auswahl ihrer Farben für Fenster und Fensterläden. Das Blau wird mit Rosa kombiniert, das rote Haus erhält grüne Fensterläden und die Rahmen der Fenster werden in einem deutlichen Gelb gestrichen. Das Endresultat erscheint perfekt und lässt auf eine lange Farbstudie schließen. Überhaupt gerät man von einem Verzücken ins andere, bewegt man sich durch die engen Gassen und betrachtet die mit Liebe angepflanzten Balkonkästen und Blumentöpfe. Eine Shoppingmeile gibt es nicht, auch Ladenketten haben sich noch nicht angesiedelt, die Kommunikation miteinander erfolgt von einem Balkon zum anderen. Aber man betrachtet auch kritisch, wie oft der Nachbar seine Wäsche über der Gasse zum Trocknen aufhängt.

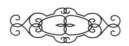

85 ... *Il Gusto*... der Geschmack Siziliens

Von Siracusa nach Agrigento

Brucoli

Ganz versteckt hält sich das Kleinod „I Rizzari", wo es um herrlich mediterrane Küche geht und eine ganz besondere Art der Zubereitung. Man muss diesen Ort in den Sommermonaten genießen. Das Meer reicht bis an die Terrasse, die von Bougainvilleas überwachsen ist, der Duft des Meeres wird kostenlos mitserviert und wenn man Glück hat, kommt das eine oder andere Fischerboot noch vorbei um seinen frischen Fang zu zeigen.

Von Siracusa nach Agrigento

88 ... *Il Gusto*... der Geschmack Siziliens

Von Siracusa nach Agrigento

Von Siracusa nach Agrigento

Das Haus der I Rizzari's

So bunt wie die Natur setzt sich die Farbigkeit auch in den Einrichtungen der Häuser fort. Die Muster der Keramik haben jahrhundertealte Tradition und findet auch in den neuen Häusern ihren Platz, überhaupt legt man Wert auf Baumaterialien der Region, ob es der schöne weiße Naturstein aus den Steinbrüchen um Ragusa ist oder die Art der Küchen, die schon die Oma in gleicher Form hatte.

Von Siracusa nach Agrigento

Modica und der Süden der Insel

Wir haben die Schokolade gesucht und den ultimativen Herrenausstatter Azzarelli gefunden. „Ultimativ", weil auf Sizilien auch in sehr kleinen Städten zahlreiche Herrenausstatter zu finden sind.

Ungewöhnlich ist das Rezept der besonderen Schokolade aus Modica. Die Geschichte erzählt, dass es von den Spaniern, die es wiederum aus Mexiko mitbrachten, übernommen wurde.

Es ist angenehm, dass man in den kleinen Schokoladengeschäften alle Geschmacksrichtungen probieren kann, von Schokolade mit Chili oder Pfeffer bis hin zu der süßen Variante. Nach dem Probieren ist man erstmal satt. Die Stadt ist im Gegensatz zu anderen Städten der Region nicht auf dem Berg aufgebaut, sondern liegt in einem Tal zwischen den letzten Ausläufern der Ibleischen Berge. Inzwischen wächst die Stadt an den Bergen weiter, und man sollte sich unbedingt mit dem Auto die SS115 hinaufschrauben, um den Blick von oben zu genießen.

Der Ursprung Modicas liegt über 2000 Jahre zurück, von der glanzvollen wirtschaftlichen Geschichte zeugen noch heute die prachtvollen Fassaden.

Von Siracusa nach Agrigento

Castello di Falconara

Nimmt man den Weg entlang der Küstenstraße Richtung Agrigento, wartet eine Überraschung, die man nicht gleich mit Sizilien in Verbindung bringt: Castello di Falconara. Besonders in den Wintermonaten, wenn der „Lupo di Mare" vom Meer landeinwärts zieht, fühlt man sich hier eher nach Schottland versetzt als auf der südlichsten Inseln im Mittelmeer. Ein Normannen-Schloss. Oder ist es eine Festung?

Ungebetene Gäste haben kaum eine Chance, ins Innere zu gelangen, vom Meer schützt der private Strand des Barons, von der Landseite Mauern und uneinnehmbare Tore. Noch mehr als die völlig erhaltene normannische Architektur des Gebäudes überrascht das Innere. Es lässt sich nicht leugnen, dass der Hausherr ein Faible für die Jagd und ganz besonders die Großwildjagd haben muss. Die Trophäen sind über alle Räume verteilt.

Das „Tafeln" im Speiseraum erinnert an einen englischen Krimi, wenn von der Meerseite die Fensterläden zuschlagen, der Nebel anscheinend durch den Raum zieht und die Gischt bis über die Balkonbrüstung spritzt. Ein Ort der die Bezeichnung „mystisch" verdient und wieder von der ureigenen Geschichte der Insel Zeugnis ablegt.

Das Tal der Tempel in Agrigento

Tempel, Duft und tausendjährige Zeitzeugen. Was fasziniert mehr wenn man in das Tal der Tempel kommt? Aber erst die Frage „Warum Tal?". Alle Tempel stehen, aufgereiht wie an einer Kette, auf Hügeln. Ist es der unglaubliche Duft der Rosmarinsträucher, der uns verzaubert? Oder sind es die Olivenbäume, die seit über 1000 Jahren hier stehen? Und deren knorrige Rinde an Fabelwesen erinnern. Wie in jedem Sizilien-Führer geschrieben steht, aber kaum glaubhaft ist, findet man auf der italienischen Insel mehr griechische Tempelanlagen als in ganz Griechenland. Neidvoll hat wohl auch das Besatzerland Griechenland auf Sizilien geblickt, gab es doch eine wirtschaftliche Blüte, die in der Antike ihresgleichen sucht. Auch nach über 2000 Jahren muss man die Weitsicht der damaligen Bauherren bewundern, die imposantesten Standorte, strategisch wichtige Positionen und beste Materialien geben Zeugnis der genialen Planung.

97 ... *Il Gusto* ... der Geschmack Siziliens

Von Siracusa nach Agrigento

Rezepte
Aperitivo con Limoncello

Ein herrlicher Willkommensgruß für Freunde, denen man den Duft Siziliens vermitteln möchte.

Unbedingt erforderlich sind dafür Zitronen, die entweder aus Sorent oder Sizilien kommen.
Natürlich sollte es auch ein Limoncello von der Insel oder der Küste südlich Neapels sein, denn nur wenn die Früchte an den Bäumen ausreifen, entwickeln sie ihr besonderes Aroma.

In einem Sektglas wird ein Eiswürfel mit einem Schnapsglas Limoncello übergossen, alles mit Prosecco auffüllen und mit frischen Minzeblättern servieren.

Buon appetito!

Zutaten

Limoncello

Eiswürfel

Prosecco extra dry

frische Minzeblätter

Fenchel auf Eis

Eine herrliche Beigabe zum Aperitif vor dem Essen, zumal dem Fenchel magenberuhigende Wirkung nachgesagt wird.

Wichtig ist es, ganz frische Fenchelknollen zu verwenden. Diese schneidet man in fingerdicke Streifen, der harte Strunk der Knolle wird vorher ausgeschnitten.

Dann bereitet man eine Schale mit viel Eis vor, auf das man die Fenchelstreifen legt. Darüber Fiori di Sale (Meersalzblüte) streuen und ca. 15 Minuten ziehen lassen.

Buon appetito!

Zutaten

Frische Fenchelknolle

Eis

Fiori di Sale

Artischocken

Die Artischockenblätter um mindestens ein Drittel abschneiden und auch den Strunk entfernen.

Die Artischocken in kochendem Salzwasser, dem man den Saft einer Zitrone zugegeben hat, garen.

Für den guten Geschmack werden die Stiele, die abgeschnitten wurden, dem Wasser beigefügt.

Zwischenzeitlich stellt man den Dip her.

Dazu das Eigelb mit dem Saft der halben Zitrone und dem Senf mit dem Rührgerät „schaumig" rühren und ganz langsam Olivenöl zufügen, am Schluss Salz und evtl. noch etwas Zitronensaft dazugeben.

Für diesen Prozess ist viel Geduld nötig, denn die Schaumigkeit der Soße ist vom guten Verbinden der Zutaten abhängig.

Wichtig ist dabei, dass alle Bestandteile die gleiche Temperatur haben.
Um die Konsistenz der Soße etwas leichter zu halten kann man am Schluss noch 1 - 2 Esslöffel heißes Wasser unterrühren.

Die Artischocken werden auf dem Teller mit einem kleinen Schlüsselchen Dip gereicht.

Buon appetito!

Zutaten pro Person

1 große Artischocke

Salz und Zitrone

Für den Dip

2 Eigelb

Saft einer halben Zitrone

1 Teelöffel Senf

250 ml Olivenöl

Salz und Pfeffer

Sorbet mit Limone
(Zitronensorbet)

Wasser und Zucker unter ständigem Rühren zum Kochen bringen und einige Minuten köcheln lassen bis sich der Zucker aufgelöst hat.

Den Sirup abkühlen lassen.

Das Eiweiß mit dem Puderzucker über einem Wasserbad sehr steif schlagen.

Zitronensaft mit dem Sirup verrühren und den Eischnee vorsichtig unterheben.

Für ca. 4 Stunden im Tiefkühlfach gefrieren, je häufiger zwischendurch umgerührt wird, desto cremiger wird das Sorbet.

Vor dem Servieren die feinen Zitronenstreifen über das Sorbet streuen.

Buon appetito!

Zutaten für 4 Personen

1/4 Liter Wasser

200 g Zucker

1 frisches Eiweiß

50 g Puderzucker

1/2 Liter frischen Zitronensaft

In feine Streifen geschnittene Zitronenschalen von 1-2 Bio-Zitronen

4
Von Schafhirten, Ziegen und Friedhöfen mit „Bella Vista"

Löst man sich von den Küsten-Regionen der Insel ins Landesinnere, in die Hügelkette der Nebrodi-Berge oder der Madonia, so fühlt man sich augenblicklich in den Film „Der Sizilianer" versetzt. Still sind die Dörfer, unheimlich still, man trifft nur Männer auf den Straßen und Plätzen. Dunkel gekleidete Gestalten, mit gekrümmten Rücken, deren Blicke anscheinend alles unter Kontrolle haben. Kommt man näher, werden die Gesichter zunehmend freundlicher. Stellt man dann noch eine Frage, wo es denn die gute Bar im Ort gäbe, eröffnet man damit augenblicklich eine Diskussion und ist sofort aufgenommen ins Dorfgeschehen. Es ist eine wichtige Frage, wer denn den besten Espresso macht und die Cornetti noch selber backt.

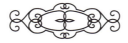

Der wichtigste Termin im Jahr ist der 1. April!

Hirten-Meeting, Eseltreffen und Sensationsaustausch. Sind es die Bewohner der Dörfer gewohnt, dass der Alltag sich auf die allgemeinen politischen Geschehnisse und die Ernten auf den Feldern beschränkt, so bieten die Tiermärkte eine gute Gelegenheit, sich dorfübergreifend auszutauschen. Man trifft sich im Sonntagsstaat. Rassepferde, Esel, Rinder, Schafe und Ziegen wechseln nach langen Diskussionen ihre Besitzer. Nicht für kleines Geld, versteht sich, hohe Summen werden aufgerufen und vom bargeldlosen Zahlen hält man nichts.

Von Schafhirten, Ziegen und Friedhöfen mit „Bella Vista"

109 ... *Il Gusto* ... der Geschmack Siziliens

Von Schafhirten, Ziegen und Friedhöfen mit „Bella Vista"

Von den Männern mit den grünen Händen

Sie pflanzen ohne anzugießen, bauen Mauern ohne Zement und behandeln ihre Krankheiten mit den wilden Kräutern der Wiesen und Weiden. Ihre Gesichter sind wettergegerbt, ihre Kräfte erhalten sie sich bis ins hohe Alter. Sie sind ein Überbleibsel der Zeiten der Feudalherrschaft. Ihre Großväter mussten sich jeden Tag aufs Neue am Dorfplatz einfinden um sich für eine Arbeit auf den Feldern zu bewerben und waren auf die Gunst der jeweiligen Verwalter angewiesen. Im Sommer gab es kaum einen Tag zum Ausruhen, in Zeiten schlechten Wetters hingegen war man damit beschäftigt, sich um das eigene Land oder Haus zu kümmern.

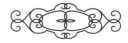

Von Schafhirten, Ziegen und Friedhöfen mit „Bella Vista"

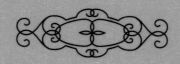

*Italien ohne Sizilien
macht gar kein Bild in der Seele:
hier ist erst der Schlüssel zu allem.*

Johann Wolfgang von Goethe, Italienische Reise

*Italien ohne Sizilien
macht gar kein Bild in der Seele:
hier ist erst der Schlüssel zu allem.*

Johann Wolfgang von Goethe, Italienische Reise

Der weite Weg nach Novara di Sicilia

Die leicht verträumte mittelalterliche Stadt lehnt sich an den Hang des Rocca di Novara, der eindrucksvoll auch aus weiter Entfernung als willkommener Wegweiser über der Stadt leuchtet.
Schraubt man sich die Landstraße von Castiglione hoch, gelangt man über Weideflächen in die herrlichen Wälder der Peloritanischen Berge. Hier kann es einem leicht passieren, dass die Sauen mit ihren Ferkeln die Straßen versperren. Friedlich sind sie, denn Nahrung gibt es in den Eichenwäldern reichlich. Ganz sicher wird man den Ziegenbock Novaras passieren, er liegt Winter wie Sommer mitten auf der Straße und beobachtet genau, wer ins Dorf kommt.
Novara di Sicilia hat eine lange Geschichte, und betrachtet man den Dom mit seinen 12 Altären und die vielen kleineren Kirchen, so erkennt man unschwer, dass hier das Handwerk der Steinmetze zu Hause ist. Bis in den Norden Italiens sollen die Arbeiten geliefert worden sein. Bei gutem Wetter reicht der Blick vom Dorfplatz aus bis zu den Äolischen Inseln.

Von Schafhirten, Ziegen und Friedhöfen mit „Bella Vista"

115 ... *Il Gusto* ... der Geschmack Siziliens

Von Schafhirten, Ziegen und Friedhöfen mit „Bella Vista"

„Bella Vista"

Eines haben alle Gebirgsdörfer der Insel gemein, einen Friedhof der sich an den schönsten Aussichtspunkt schmiegt. Engel bewachen die Gräber der reichen Familien des Ortes und sind Zeugen ihrer Epoche.

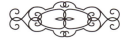

Von Schafhirten, Ziegen und Friedhöfen mit „Bella Vista"

118 ... *Il Gusto*... der Geschmack Siziliens

Von Schafhirten, Ziegen und Friedhöfen mit „Bella Vista"

Ein Haus in den Bergen

Der Weg ist eine Herausforderung – hat man die letzte Furt überwunden, wird man belohnt, denn hinter der Mauer aus Glycinien entdeckt man eine eigene Welt. Ein liebenswertes Paar, Fillip und Trente, hat sich seinen Traum erfüllt. Er, Galerist aus Brüssel, und Trente, Weltbürgerin mit Stationen in New York, Tokio und Pakistan, bauen hier ihren eigenen Wein an und leben den Rhythmus der Insel. Im Haus der beiden offenbart sich den Freunden eine Sammlung internationaler Kleinodien. Es finden sich Kultgegenstände afrikanischer Stämme neben Malerei der Moderne und Skulpturen aus Asien, die mit feinstem Gespür zusammengestellt wurden.

Von Schafhirten, Ziegen und Friedhöfen mit „Bella Vista"

Der Feuerplatz am Fuße der Berge

Al Fogher

Am Fuß der Berge im Zentrum Siziliens zwischen Nebrodi und Madonie, in der Nähe der Autobahn die von Catania nach Palermo führt, gibt es ganz unverhofft ein kulinarisches Highlight. Der Inhaber Angelo Treno ist stolz auf seine Sammlung internationaler Weine, die nach seinen Angaben die größte Siziliens ist. Mit großer Hingabe berät Francesco, der Sommelier, welche Lage, welcher Jahrgang zum Menü am besten mundet.
Die Speisen sind wie kleine Gemälde „hergerichtet" und lassen die Liebe des Kochs zu den feinen Zutaten erkennen.
Die verträumte Atmosphäre des Restaurants gibt ihr Übriges dazu, sodass es schwer fällt den Ort wieder zu verlassen.

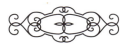

Von Schafhirten, Ziegen und Friedhöfen mit „Bella Vista"

121 ... *Il Gusto* ... der Geschmack Siziliens

Von Schafhirten, Ziegen und Friedhöfen mit „Bella Vista"

Rezepte
Wilder Salat

Für diese Vorspeise oder Beilage ist die Frische der Zutaten entscheidend, und je nach Jahreszeit können unterschiedliche Salatsorten und Kräuter verwendet werden.

Für das Dressing den Saft einer Zitrone gut mit einem Esslöffel Honigsenf mischen, evtl. noch
einen Teelöffel Zucker dazugeben, mit Salz und Pfeffer würzen, langsam das Olivenöl unterrühren und so lange rühren bis ein schönes, dickflüssiges Dressing entsteht.

Vor dem Anrichten über die Salat-Mischung gießen und gut unterheben.

Buon appetito!

Dies sind unsere bevorzugten Sorten:

Kopfsalat,

Rucola,

junger Spinat,

Petersilienblätter,

Basilikumblätter,

roter Radicchio,

Portulak

Rosmarinlamm

Zutaten für 4 Personen

ca. 1,5 kg Lammbraten

Olivenöl

4 frische Rosmarinzweige

(davon nur die Nadeln)

Salz und Pfeffer

Lange bevor ich Gäste erwarte, spreche ich mit meiner Metzgerin, ob es denn die richtige Zeit ist für dieses besondere Lamm, das ich gerne servieren möchte. Nur ein schmales Zeitfenster gibt es für die Kenner: Im Frühling, wenn die frischen Kräuter im Überfluss auf den Weiden wachsen und die Schafe mit ihren Lämmern die ersten Ausflüge auf den saftigen Wiesen machen. Die Jungen sich schon an den ersten Gräsern versuchen und nur noch hin und wieder gesäugt werden. Das ist der Zeitpunkt für besonders schmackhaftes Lammfleisch, und der frische Rosmarin rundet das Aroma ab. Dazu ein Rotwein - es sollte schon ein erlesener Tropfen sein, denn auch das Lamm gibt es ja nur für besondere Gäste.

Das Lamm gut 4 Stunden vor der Zubereitung mit reichlich Salz einreiben und einziehen lassen.
Bei 180 Grad scharf von allen Seiten in Olivenöl anbraten. Dann Temperatur reduzieren und bei 120 Grad weitergaren. Je nach Größe des Bratens benötigt dieser 2 – 2,5 Stunden. Regelmäßig mit dem Sud aus der Bratreine übergießen. Die Rosmarinnadeln 30 Minuten vor dem Servieren reichlich über das Fleisch verteilen. Vor dem Anrichten noch frischen Pfeffer über das Fleisch mahlen.

Buon appetito!

Bruschetta mit wildem Fenchel

Nur dort, wo es im Frühling wilden Fenchel gibt, kommt das volle Aroma dieser Vorspeise so richtig zur Geltung.

Schon beim Pflücken der Fencheltriebe kann man erkennen, um wie viel intensiver das Aroma der wilden Pflanzen ist.

Man pflücke nur die weichen Triebe mit den kleinen Knöllchen.

Den Backofen auf 180 Grad vorheizen, Tomaten in kleine Würfel hacken, nur das Weiche der Fenchelstängel in kleine Stückchen schneiden und alles gleichmäßig auf das Brot verteilen.

Olivenöl darüber gießen und mit Salz und Pfeffer würzen.

Ca. 10 Minuten im Ofen überbacken und unbedingt heiß servieren.

Buon appetito!

Zutaten pro Person

2 Scheiben Ciabatta-Brot oder Baguette

1 Tomate, vorzugsweise Fiorentino

1 Stängel Fenchel

1 Teelöffel Olivenöl

Salz und Pfeffer

Spezzatino –
die sizilianische Gulaschvariante

In den Herbstmonaten, wenn viel und schwer auf den Feldern gearbeitet wird, freuen sich alle auf das besondere „Spezzatino".

Das Fleisch der Nebrodi-Schweine, gut durchwachsen, und ein Stück Rindfleisch aus der Keule geben einen herrlichen Geschmack.
Wir sparen hier auch nicht an Fleisch, denn der Appetit ist groß, wenn der heiße Topf auf den Tisch gestellt und direkt „ausgeschöpft" wird.

Die Kartoffeln, auf der Insel eher etwas geschmacksarm, sorgen für eine sämige Konsistenz, ohne dass man der Soße Dickungsmittel zugeben muss.

Dazu gibt es einen offenen Landwein und ganz lange Tischgespräche. Fleisch in große Würfel schneiden (ca. 4 cm) und in heißem Olivenöl gut anbraten.

In Stücke geschnittene Zwiebeln zugeben und diese nicht zu dunkel mitbraten lassen.

Anschließend mit kochendem Wasser aufgießen, ca. 30 Minuten schmoren lassen und dann die geschälten Kartoffeln, halbiert oder geviertelt, dazugeben.

Peperoncini, Lorbeerblätter und Tomaten mitköcheln lassen, bei Bedarf noch kochendes Wasser aufgießen. Jetzt das Salz dazugeben und wenn die Kartoffeln gar sind, mit Pfeffer abschmecken.

Dazu gibt es frisches Brot.

Buon appetito!

Zutaten für 4 Personen

- 300 g durchwachsenes Schweinefleisch,
- 300 g Rindfleisch, idealerweise aus dem Hinterviertel oder Keule
- 5-6 Kartoffeln
- 2-3 milde Zwiebeln
- möglichst reichlich frische Lorbeerblätter
- Peperoncini-Schote
- 2-3 Tomaten
- Olivenöl
- Salz und Pfeffer

Fenchel überbacken

Dies ist ein Frühlingsgericht, wenn es frische Fenchelknollen gibt, die nicht zu groß sein sollten.

Pro Person rechnet man als Vorspeise 1 Fenchelknolle oder als Beilage ½ Knolle.

Die äußeren Blätter der Fenchelknolle entfernen und darauf achten, dass die nächste Lage nicht zu hart ist.

Die Knollen halbieren und den Strunk großzügig ausschneiden. In kochendem Salzwasser ca. 20 Minuten garen.

Den Ofen auf 180 Grad vorheizen und die Knollen in einer hitzebeständigen, gebutterten Form auslegen, einen Esslöffel vom Kochwasser über die Knollen gießen, dann mit Sahne übergießen und den Käse großzügig darüber streuen.

Mit Oberhitze solange in der Röhre lassen bis der Käse geschmolzen ist und eine goldgelbe Farbe hat.

Zutaten für 4 Personen

4 Fenchelknollen, nicht zu groß

50 g Butter

100 g Parmesan oder Pecorino

100 ml Sahne

Salz und Pfeffer

Buon appetito!

5
Palermo, die Laute

Die wechselhafte Geschichte seit der Gründung durch die Phönizier ist überall gegenwärtig, auf allen Straßen, auf den Plätzen, in den Baustilen der Kirchen und Paläste. Die Eroberer der Stadt haben ihre Zeichen hinterlassen und man hat das Gefühl, dass die Stadtviertel „markiert" wurden.

Palermo, die Laute

137 ... *Il Gusto*... der Geschmack Siziliens

Palermo, die Laute

Schilder in Italienisch, Hebräisch und Arabisch in der Altstadt Palermos erinnern an die große Zeit der Toleranz und dem friedlichen Zusammenleben im 15. Jahrhundert.

Palermo, die Laute

Jeder Sizilianer deutet die Geschichte anders

… je nach Sympathie zu den jeweiligen Fürsten. Da gibt es den „Fanclub" um den Normannen Roger II, den viele für den humanitärsten Herrscher halten, da er in seiner Verfassung die Gleichberechtigung aller Glaubensrichtungen festlegte. Sicher ist, dass Roger II dem Land einen nicht wiedererlangten Wohlstand brachte, der für die Gegenwart einem Wunschtraum gleichkommt. Zeugnisse vom Reichtum und Selbstbewusstsein der Palermitaner finden sich im Sommerpalast La Zisa und im Normannen-Palast, der einem Märchen aus 1001 Nacht gleich kommt. Unzählige Male findet sich die Symbiose aus byzantinischen, arabischen und normannischen Stilrichtungen in der Stadt.

Für die Sizilianer „Der Deutsche". Friedrich II baute auf den Reichtum Rogers auf und widmete sein Hauptaugenmerk den Geisteswissenschaften. Mit seinen zwei Königsreichen Neapel und Sizilien war er richtungsweisend für ganz Europa, und er war es, der den Grundstein der Bürokratie legte. In Palermo gründete er die sizilianische Dichterschule und obwohl er Zeit seines Lebens quasi immer „auf Achse" in ganz Europa war, um sein Reich unter Kontrolle zu halten, findet er seine letzte Ruhestätte in Palermo, wo ihm eine prächtige Gedenkstätte errichtet wurde.

Kaum ein Tourist der nicht den Sarg Friedrichs besucht. Nach der Hinrichtung des letzten Staufers Konradin und der Machtübernahme durch das Adelsgeschlecht der Anjous verfiel die Stadt immer mehr und die Armut führte 1282 zur berüchtigten „sizilianischen Vesper", als am Ostermontag zur Zeit des Vespergottesdienstes über 8.000 der französischen Besatzer von der wütenden Bevölkerung umgebracht wurden.

Palermo, die Laute

Ein langer Dornröschenschlaf ...

... begann, bis man die „verblichene Schöne" in den letzten Jahrzehnten wiederentdeckte. Es waren oft gruselige Geschichten, welche die Stadt wieder in Erinnerung riefen. Viele haben sich um die „Ehrenwerte Gesellschaft" gedreht und die Filme um den Paten haben sie spannend gemacht. Immer noch muss die Stadt für ein positives Image kämpfen.

Palermo, die Laute

Palermo, die Laute

142 ... *Il Gusto*... der Geschmack Siziliens

Palermo, die Laute

Märkte, Trödel und Fastfood

Alle negativen Seiten vergisst man schnell, begibt man sich in die engen Gässchen mit ihren vielen Marktständen und einem reichhaltigen Angebot an Obst, Gemüse, Fastfood und Putzmitteln. Alles findet seinen Platz und wird lautstark angepriesen.

Palermo, die Laute

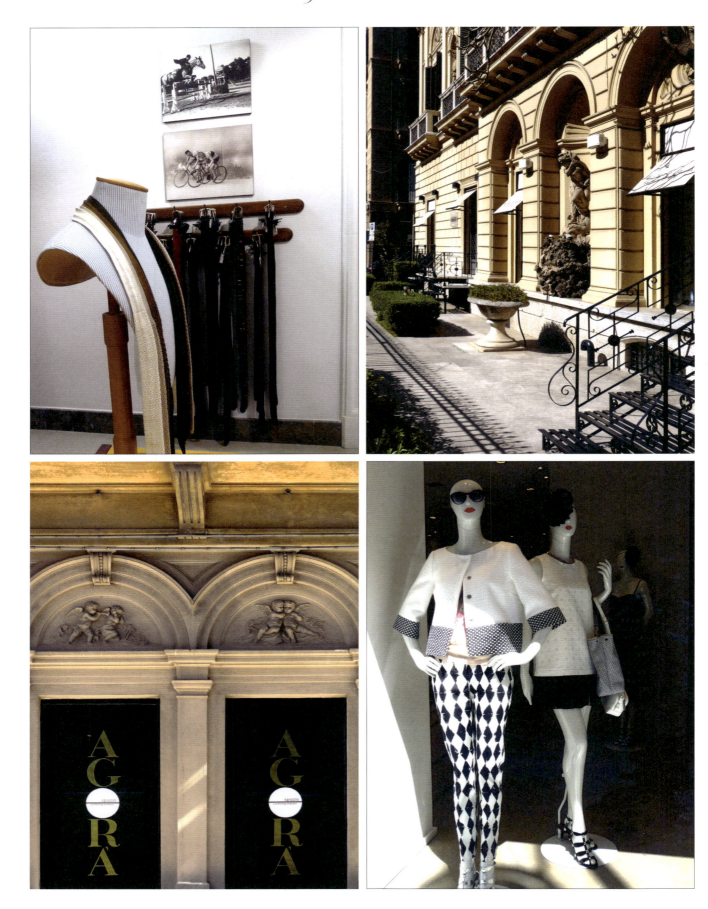

Palermo, die Laute

Bambinone, der moderne Sizilianer

Man findet ihn morgens in der Bar, nachmittags in der Boutique und am Abend in der In-Diskothek.
Seine Haare sind immer frisch gegeelt, er geht nie ohne Sonnenbrille außer Haus und die Fingernägel sind frisch maniküert und nicht selten lackiert. Haare auf Armen und Brust sind ihm ein Gräuel, und jede Frau sei gewarnt: das Badezimmer gehört morgens zwei Stunden ihm. Bis zur Heirat sorgt Mama für sein leibliches und körperliches Wohl und so ist er anspruchsvoll in der täglichen Nahrungsaufnahme, die Hemden müssen faltenfrei gebügelt, die Schuhe frisch geputzt sein. Dafür begnügt er sich, nicht selten bis in seine 30er Jahre, sein Kinderzimmer zu bewohnen und dort auch keinen Damenbesuch zu empfangen.

Auch die Luxusmeile findet man in der Hauptstadt der Insel. Gucci, Prada, Louis Vuitton und andere Luxuslabel versammeln sich in der Via Libertà, und wie überall auf der Welt flaniert die feine Gesellschaft mit den Tragetaschen vor den Schaufenstern. Der eine oder andere Barock-Palazzo musste seine Fassade opfern um ins Corporate Design der Noblen zu passen..

Palermo, die Laute

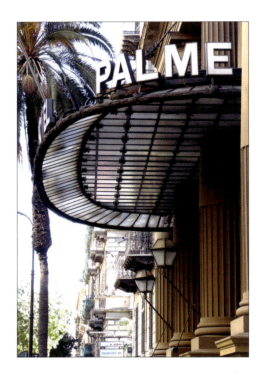

Einige haben sich der Moderne nicht untergeordnet

Ein Ort, an dem alles stehen geblieben scheint, ist das Grand Hotel „Et Des Palmes". Abgestaubt und poliert erscheint die Fassade wie auch das Interieur. Hier schrieb Wagner seinen Parzival und auch Lucky Luciano wählte die Unterkunft für seine Order an die Mafia. Das Personal lebt die Vergangenheit und fühlt sich identisch mit dem Haus.

Palermo, die Laute

147 ... *Il Gusto* ... der Geschmack Siziliens

Palermo, die Laute

148 ... *Il Gusto* ... der Geschmack Siziliens

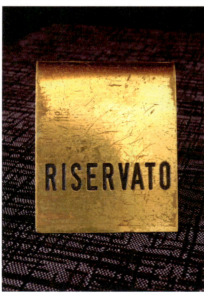

Palermo, die Laute

Ganz anders der Mittagstreff der Feinen

Ein kleiner Meetingpoint um die Ecke der Via Libertà. Modern gibt man sich, Käse aus Frankreich, Pasta aus Nord-Italien, Weißwurst aus München. Sizilianische Produkte werden vernachlässigt.
Dies scheint Kundenwunsch zu sein. Und möchte man eine kleine Verschnaufpause zum Lunch dort einlegen, so ist es notwendig, einen Tisch zu reservieren. Zu angesagt ist die Location und bei all den vielen Nobeltüten kann es schon mal eng werden.

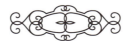

Palermo, die Laute

Rezepte

Büffelmozzarella
mit sizilianischen Tomaten und frischem Basilikum

Zutaten pro Person

entweder 2 kleine Kugeln Mozzarella oder 1/2 große Kugel

2 - 3 kleine Tomaten vorzugsweise Dattel-, Kirsch- oder die hocharomatischen Costoluto Fiorentino, die man an der „welligen" Form erkennt

Reichlich frisches Basilikum

Olivenöl

frisch gemahlener Pfeffer und Salz

Hat man kleine Mozzarellakugeln, so halbiert man diese, die große Kugel schneidet man in nicht zu dünne Scheiben.

Tomaten halbieren und alles auf den Tellern schön anrichten.

Die Basilikumblätter im Ganzen darüber verteilen, mit reichlich frischem Pfeffer und Salz würzen.

Ganz am Schluss, kurz vor dem Servieren, mit Olivenöl übergießen.

Buon appetito!

Pommes mit Trüffel

Ein ganz besonderer Luxus!

Die Kartoffeln schälen und in 1 cm dicke Streifen schneiden.

In reichlich heißem Olivenöl portionsweise kurz anbraten, mit einem Schaumlöffel aus dem Öl nehmen und auf Küchenkrepp abkühlen lassen.

Wenn alle Portionen kurz angebräunt und abgekühlt sind, das Öl wieder erhitzen und die Kartoffeln goldgelb bräunen bis sie gar sind.

Dies muss sehr sorgfältig und in kleinen Portionsmengen erfolgen.

Auf vorbereiteten Tellern anrichten, salzen und Trüffel darüber reiben.

Buon appetito!

Zutaten pro Person

1 große festkochende Kartoffeln

ca. 10 g schwarze Trüffel

1/2 - 1 Liter Olivenöl
(das wiederverwendet werden kann)

Limonen-Risotto

Zutaten für 4 Personen

- 2 Frühlingszwiebeln
- 2 Knoblauchzehen
- 1 große unbehandelte Zitrone
- 3 Esslöffel Butter
- 400 g Risotto Reis (z.B. Arborio)
- 1/2 Liter trockener Weißwein
- 3/4 Liter Hühnerbrühe
- 1 Bund Petersilie
- 2 Esslöffel Pinienkerne
- 4 Esslöffel Parmesan oder Pecorino
- Salz und Pfeffer

Viel Übung war nötig, bis dieses Risotto „duftig" genug für meinen Anspruch war.

Das Geheimnis: Geduld – Geduld – Geduld, und dem Reis genügend Zeit zum „Aufblühen" geben.

Natürlich ist auch die Reisqualität von besonderer Bedeutung, und hier auf der Insel werden wir verwöhnt:
Mindestens 10 unterschiedlichste Arten sind in den „einfachen" Krämerläden verfügbar, jedes Gericht fordert seine eigene Sorte Reis.

Frühlingszwiebeln und Knoblauch fein hacken, die Zitrone dünn schälen und die Schale in feine Streifen schneiden. Darauf achten, dass möglichst keine weiße Haut an den Streifen bleibt, da diese einen bitteren Geschmack hinterlässt.

Die Butter in einem Topf schmelzen und die Frühlingszwiebeln, Knoblauch und einige Zitronenstreifen darin andünsten.
Reis dazugeben und darauf achten, dass er sich gut „vollsaugt".
Weißwein und Saft der Zitrone dazugeben, alles unter gelegentlichem Umrühren verdampfen lassen.
Dann eine Tasse der Brühe zugießen und bei mittlerer Hitze einkochen.

Diesen Prozess über gute 20 Minuten wiederholen, dabei immer wieder umrühren, bis die Körner „al dente" sind.
In wenig Olivenöl die Pinienkerne goldgelb braten.

Die zerkleinerten Blätter der Petersilie und die restlichen Zitronenstreifen dazugeben und unter den fertigen Reis rühren.

Danach auch den Käse unterrühren. Mit einigen Blättchen Petersilie, Pinienkernen und feinen Zitronenstreifen anrichten.

Buon appetito!

Rezepte

Adressen

Azienda Agricola Gambino
Contrada Petto Dragone
95015 Linguaglossa

Villa Neri
Contrada Arrigo
95015 Linguaglossa

Wine&Charme
Via Vittorio Emanuele 143
95131 Catania

Carota
Piazza Federico di Svevia
95131 Catania

La Vignitta Club
Via Costiglio Casino 34
95020 Santa Tecla

Castello San Marco
Via San Marco 40
95011 Calatabiano

La Scogliera
Via Consolare Valeria 421
98030 Sant Alessio Siculo

I Rizzari
Via Liberta 63
96011 Brucoli

Castello di Falconara - Butera
Strada Statale 115
93011 Caltanisetta

Al Fogher
SS117Bis
94015 Piazza Armerina

Impressum

© Busse Verlag GmbH, Bielefeld 2014
Text: Johanna Schiller
Fotos: Ira Goldbecker und Dirk Gerheim, Johanna Schiller, Peter Sibbe
Layout: Marisa Jacobi
Druck und Verarbeitung: Printer Trento, Italien

ISBN 978-3-512-04048-1

All rights reserved.

www.bussecollection.de

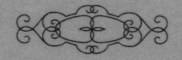

„Il tacere vale più di una bella risposta."
…auch das gilt für Sizilien:
Schweigen ist mehr wert
als eine schöne Erwiderung.

Italienisches Sprichwort

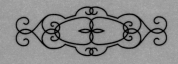

„Il tacere vale più di una bella risposta"

…auch das gilt für Sizilien:

Schweigen ist mehr wert

als eine schöne Erwiderung.

Italienisches Sprichwort